LA VÉRITÉ

SUR LES

COMMISSIONS MIXTES

LE MANS

IMPRIMERIE E. CHAMPION, 3, RUE BOURGEOISE

—

1877

LA

VÉRITÉ SUR LES COMMISSIONS MIXTES

LA VÉRITÉ

SUR LES

COMMISSIONS MIXTES

LE MANS

IMPRIMERIE E. CHAMPION, 3, RUE BOURGEOISE

—

1877

COMMISSIONS MIXTES

La Magistrature assise — La Cour de Cassation

Quand une partie de la population s'insurge, quand les factieux font prendre les armes à des milliers d'hommes ; quand il faut employer l'armée pour les réduire ; quand enfin le pouvoir victorieux tient dans sa main des milliers de prisonniers, qu'en faire ? Quelles mesures prendre contre des délinquants si nombreux ? — Les relâcher, mais c'est de la part du pouvoir se proclamer timide et préparer sa déchéance ; c'est paraître douter de son droit de punir ; c'est permettre à ses ennemis de recommencer, le lendemain, la bataille perdue la veille ; c'est faire dire, ou du moins penser, qu'en politique tout est permis : la révolte, le meurtre et leurs conséquences. Parquer les vaincus pour la transportation sans jugement, comme le fit le pouvoir, en 1848, cela est énorme. Les livrer à la justice ordinaire, c'est consacrer un temps incroyable à la répression ; c'est suspendre le cours de la justice quotidienne pendant des années.

Les soumettre au conseil de guerre le lendemain du combat, c'est paraître livrer le vaincu au victorieux ; c'est jeter un dangereux levain politique dans l'armée ; c'est l'exposer aux inimitiés des partis, car le nom de *capitulards* qu'on inflige à nos officiers, vient bien moins de Sedan que de Versailles. — Quatre-vingt-treize massacrait ses ennemis dans les prisons, (comme on l'a vu de nos jours). Il rendait *la loi des suspects*, cet instrument de proscription par lequel le premier venu disposait de vous, pour le meurtre ; il pratiquait la *mise hors la loi* de quiconque essayait de lui échapper, et que pouvait tuer impunément n'importe qui. Quatre-vingt-treize instituait ce fameux tribunal révolutionnaire qui n'admettait pas de défenseurs ; qui n'accordait d'autre garantie aux accusés que des juges patriotes, et qui, d'après des statisticiens historiques, instruisait, jugeait et condamnait à mort en deux minutes (1).

Pour apprécier d'instinct les commissions mixtes, il suffirait de considérer qui les composait et qui les insulte : examinons-les, toutefois, en elles-mêmes.

____

(1) En comptant le nombre de ses victimes, on calcule que la *moyenne du débat* sur chacune, n'a pas duré davantage.

I

Les commissions mixtes sont nées
du malheur ou mieux (car c'est plus
vrai), des crimes du temps. La Révolution de 1830 fut, pour le moins, une
faute que provoquèrent des illusions
politiques que l'expérience ne tarda
pas à dissiper. Le règne qu'elle créa
fut celui de l'émeute ; et, malgré le
mérite du Prince et des hommes prépondérants, ce régime tomba par le
vice de son origine, disons-le même,
par celui d'une classe qui s'élevant au
pouvoir par un coup de main, ne sut
pas se préserver d'un coup de Jarnac.

La révolution de 1848, que rien ne justifiait, ne fit cependant que copier 1830 ; car, il ne faut pas se le dissimuler, toute révolution triomphante est en couches d'une révolution qui veut triompher ; les parvenus de l'émeute n'ont d'ailleurs aucune autorité sur les non-parvenus leurs émules ; il existe entre eux un conflit perpétuel que la force seule interrompt, parce que les principes n'y peuvent rien. — Le régime de 1848 l'éprouva comme celui de 1830. L'attentat sorti des Arts-et-Métiers, contre l'Assemblée nationale ; celui que prépara l'Hôtel-de-Ville et que soutenaient Hubert et Barbès ; l'explosion de juin 1848 qui fit verser tant de sang, qui nous coûta celui d'un archevêque et de plusieurs généraux ; cette orgie qui vit mourir le général de Bréa si lâchement assassiné ; toutes ces convulsions appelaient un libérateur ; et M. Emile de Girardin, cet esprit de tant d'inventions politiques si peu sensées, en était, je crois, à sa quatre-vingt-neuvième solution parlementaire, quand le Deux Décembre surgit et fut acclamé comme le salut.

O crime! s'écrient les séditieux de profession et les ingénus; renverser une constitution qu'on a jurée! Mais qui donc se plaint ainsi? Ne sont-ce pas ceux qui, en 1815, avaient juré la charte, une charte qui nous avait donné, non quelques mois, mais quinze ans de paix? Ne sont-ce pas ceux qui avaient juré la charte de 1830 à qui nous devions dix-sept années prospères et que de sinistres manœuvres agitant les faubourgs de Paris brisaient à la stupéfaction publique en quelques heures? Qu'on me permette ici la question suivante : quels sont les plus grands coupables, s'il vous plaît, de ceux qui renversaient deux règnes à qui la France devait trente-deux ans de paix, ou de ceux qui devaient joindre à cette paix, vingt ans de paix nouvelle? Je dis plus : de quel front les émeutiers de 1848, accuseraient-ils le coup d'autorité du Deux Décembre? En droit, l'un vaut l'autre, c'est la force qui combat la force; mais, en fait, l'un vaut mieux que l'autre; les résultats en sont la preuve.

Après tout, la France a tant de fois jugé cette question qu'elle est vidée; les plébiscites par lesquels elle s'est si constamment prononcée sont irrécusables. Que dire d'ailleurs de tant de serments trahis que reçut l'Empire? Que dire de cette profanation chronique du serment politique? Que dire d'un scandale si permanent que ce serment a dû disparaître? Ne parlez donc plus de serment, hommes sans Dieu qui êtes, de plus, des hommes sans foi! N'accusez plus le Deux Décembre d'avoir violé des serments dont vous vous jouez vous-mêmes!

Nous possédons à peu près quatorze constitutions qui ont été jurées et renversées; nous avons chassé deux rois à qui nous avions juré fidélité; et nous

les avons chassés en violant deux char-
tes qui, grâce à la responsabilité mi-
nistérielle, déclaraient les rois inviola-
bles; et l'on s'ébahit que la constitution de 1848, née d'une émeute, ait pu
périr comme ses devancières! C'est
trop naïf.

II

Tous les régimes contestés avaient
eu leurs crises qui leur avaient créé
des situations difficiles. Que n'a-t-on
pas dit et écrit sur les cours prévôtales
et les agents provocateurs de la Restau-
ration ? Combien ne s'est-on pas récrié
sous le second règne, soit sur la cour
des pairs qualifiée de chambre étoilée,
soit sur la haute cour de justice appe-
lée chambre ardente ? Que de clameurs
après les journées de juin 1848, contre
le soi-disant *boucher* Cavaignac ! Que
d'indignations contre ses emprisonne-
ments et ses transportations en masse !
qui ne sait que le radical Caussidière
demandait alors, pour la protection des
détenus, des commissions mixtes où il

souhaitait surtout des magistrats pour régulariser et tempérer la répression ? L'Empire naissant eut la même idée, ou celle de Caussidière lui parut bonne. Il la perfectionna même en instituant deux commissions mixtes : l'une, sur les lieux, qui devait proposer en connaissance de cause les décisions à prendre ; l'autre, à Paris, pour réviser, pour atténuer surtout les propositions de la province. Les commissions mixtes étaient graduées ; on les instituait par premier et second degré pour en restreindre l'arbitraire. Le gouvernement les consultait deux fois avant de se prononcer. — Au premier degré étaient, pour chaque département, le général commandant la subdivision, le préfet, le procureur général du ressort, au siége de la cour ; ses substituts dans les chefs-lieux. — La commission de révision avait pour membres MM. le maréchal Canrobert, Quentin Bauchart, conseiller d'Etat ; le général de Lespinasse. Etaient-ce là les satellites d'un despote? N'étaient-ce pas des hommes de choix, non pour juger une armée de prévenus, mais pour éclairer le pouvoir qui les consultait; celui-ci se réservant d'ailleurs la solution dernière et l'exécution de sa décision.

Dans ces conditions, les parquets ne pouvaient refuser au gouvernement leurs renseignements, aussi fut-ce à l'unanimité qu'ils lui prêtèrent leur concours ; car deux ou trois dissidents ne sauraient compter. Les magistrats qu'on insulte aujourd'hui, sans les atteindre, brillaient d'ailleurs par leurs lumières ; ils furent entourés pendant vingt ans, (ils le sont encore) d'une considération légitime; ils furent estimés des gardes des sceaux les plus éminents, savoir : les grands ministres Abbatucci, — de Royer, — Delangle, — Baroche; ils peuvent dès lors se passer de l'approbation personnelle d'un garde des sceaux aussi parfaitement obscur que M. Martel.

III

Qu'étaient-ce donc que ces commissions mixtes dont tant d'ingénus parlent sans les connaître et que tant d'aigrefins exploitent, les connaissant fort bien.

Etaient-ce des tribunaux ? non ; et c'est ici que l'inexpérience de M. le garde des sceaux éclate. Les commissions mixtes n'étaient pas des tribunaux comme il l'affirme d'après M. Crémieux, qui ne fut jamais magistrat ; ces commissions n'étaient qu'un expédient politique et même purement administratif pour préparer, en l'éclai-

rant, un acte de gouvernement. —
On dit que ces commissions ont jugé
sans entendre. En droit, c'est faux, car
n'ayant pas à juger, elles ne devaient
pas strictement entendre ; mais, en
fait, elles ont entendu selon le possi-
ble. — Les plus compromis d'entre les
émeutiers, assez inquiets, on le pense,
avaient fui (1); comment les entendre ?
Quant aux autres, ils furent entendus
régulièrement s'ils s'y prêtèrent.

Ignore-t-on que les cours d'appel
s'étaient saisies, par évocation, de
l'ensemble des faits incriminés et

(1) Quatre agitateurs principaux écrivaient
ainsi au chef de leur parquet. — *Jersey, le 12
janvier 1852.* « Vos agents continuent leurs
« visites chez nos parents. Nous vous serons
« obligés d'y mettre un terme dans l'intérêt de
« vos agents et de ceux *qu'ils honorent de
« leurs visites...* Nous sommes à Jersey, pays
« libre, en attendant que nous ayons rejoint
« Londres... Nous recevrons *avec plaisir,*
« *monsieur, les communications que vous
« aurez à nous faire ;* mais, *affranchir.* —
« Vos compatriotes. » *(Suivent les signatures).*
— On le voit, ces gens si malheureux et per-
sécutés savaient rire.

qu'elles avaient dressé des dossiers renvoyés, plus tard, aux commissions mixtes ? (1).

Ce n'est pas tout : que demandait-on aux commissions mixtes ? On leur demandait quels étaient les perturbateurs, les agitateurs, les révoltés notoires du département ; quels étaient les membres connus des sociétés secrètes, et dès lors, dans quel ordre de précautions politiques (d'après un cadre officiel), on devait procéder contre chacun. Pour lesquels, par exemple, fallait-il se contenter d'une surveillance sur place? Pour lesquels aurait-on à prononcer l'internement à l'intérieur ? contre lesquels devait-on pren-

(1) « Toutes les autorités judiciaires et autres qui ont pu justifier être chargées *d'informer* sur les derniers événements, sont, dès à présent, complétement dessaisies. Toutes les pièces de la procédure, actes d'information, procès-verbaux, etc., recueillis dans chaque département... seront *immédiatement* envoyées à la préfecture pour y être centralisées et mises à la disposition de la commission. » *Circulaire* du 4 février 1852,

dre des précautions plus graves? qui devait-on faire passer en Afrique? Voilà ce qu'on réclamait des commissions. Et certes, les membres qui les composaient savaient amplement sans les entendre, quels étaient les hommes dangereux, les hommes compromis du département. Ils les surveillaient, ils les contenaient depuis trop longtemps pour ne pas les connaître : et, pour les signaler, comme on le leur demandait, leur mémoire pouvait suffire (1).

N'oublions pas qu'on ne demandait aux commissions mixtes que de simples avis, non des jugements ; que ce n'étaient que de purs avis que la commission de révision devait apprécier sans les aggraver, et qu'elle pouvait

____

(1) Le soussigné possède un rapport au garde des sceaux sur l'organisation démagogique d'un département ; on pourrait y voir si les magistrats des commissions mixtes étaient bien renseignés sur les conspirateurs, et si leur *enquête* officielle était motivée. — Mais devant qui produire de tels documents ? Devant les conspirateurs..., ils sont prépondérants.

soit tempérer, soit même rejeter discrétionnairement. Mais où était le juge ?
Il était au ministère, dans les conseils
du prince. C'était là qu'intervenait la
décision ; c'était là le siége de l'arrêt ;
c'était de là que partait l'exécution
sanctionnant l'arrêt. Aussi, convient-il
de considérer les commissions mixtes
comme des commissions d'*enquête* ;
car on sait que les enquêtes ne lient pas
le juge. Disons mieux : ce n'étaient
que des *commissions consultatives.*

Que deviennent, dès lors, ces accusations imaginaires que les magistrats des commissions mixtes s'étaient
faits juges ? qu'ils avaient jugé sans
entendre ? qu'ils avaient créé (ce qui
est le comble du rêve) des délits inconnus, comme si la révolte était ignorée de nos codes ? Que devient le
grossier pathos qu'utilisait M. Crémieux, quand il frappait des magistrats qui valaient mieux que lui et qui
se seraient bien gardés d'usurper les
sceaux comme lui pour peupler la ma-

gistrature de basochiens incapables ? Ah ! que M. Dufaure s'est promptement lassé de son erreur ! qu'il a su comprendre ce que la politique impose quand les révolutionnaires pullulent ; quand il vaut mieux être émeutier que magistrat ; quand c'est un honneur d'être émeutier, quand c'est un péril d'être magistrat ; quand l'émeute sans vergogne, produit tout en un moment à ses auteurs et que le travail honoré ne rapporte souvent à l'homme laborieux que des mécomptes. Mais quoi ! Ne faut-il pas que les Jacobins donnent le change, et qu'ils fassent parler des commissions mixtes pour qu'on oublie leurs orgies !

IV

Le jacobinisme qui a le génie de la
discorde et qui en vit, veut la jeter
dans la magistrature ; et, de même
qu'elle oppose à la presque unanimité
des parquets, dans leur concours aux
commissions, deux ou trois récalci-
trants dont l'opinion n'est d'aucun
poids dans une adhésion* si générale,
le radicalisme, dis-je, oppose aux magistrats des parquets l'autre magistrature ; mais cela est vain ; car toute la
magistrature impériale ratifia la part
prise par les parquets aux commissions
mixtes. C'est ce qu'on va voir ; écou-

tons leurs ennemis. D'après eux, les magistrats des commissions mixtes avaient forfait à leurs fonctions ; ils avaient outragé la conscience publique ; que devaient donc faire en ce cas leurs compagnies ?

Je lis ce qui suit dans le décret organique de 1801, article 49 : « Les présidents des cours d'appel et des tribunaux de première instance avertiront *d'office* ou, sur la réquisition du ministère public, tout juge qui compromettra *la dignité de son caractère.* » L'article 50 de ce décret fixe des pénalités. D'après l'article 54, les cours d'appel exercent les droits de discipline attribués aux tribunaux de première instance lorsque ceux-ci auront négligé *de les exercer.* Les cours d'appel pourront, dans ce cas, donner à ces tribunaux un avertissement d'être plus exacts à l'avenir. L'article 56 veut qu'on *rende compte* de ces incidents au garde des sceaux. — Enfin, d'après l'article 57, plus large : « Le grand juge ministre de la justice, pourra, quand il le jugera convenable, mander auprès de sa personne *les membres* (sans distinction) des cours et tribunaux à l'effet de s'expliquer sur les faits qui leur sont imputés. » — Personne n'ignore, d'ailleurs, que la cour de cassation a les mêmes droits de discipline que les cours d'appel, et que sa juridiction s'étend sur les cours d'appel elles-mêmes.

Cela posé, qu'on me dise ce que firent en 1848, les tribunaux de première instance! Ils n'eurent pas à statuer, j'en conviens, sur des juges, sur des magistrats inamovibles; mais quand ils virent leurs parquets *se souiller*, selon les jacobins, que firent-ils? S'assemblèrent-ils, sur la convocation de leurs présidents, pour rédiger au moins des protestations officielles? Les premiers présidents convoquèrent-ils leurs cours respectives pour appeler l'attention du gouvernement sur *l'avilissement* des parquets? — La cour suprême, au moins, s'émut-elle? Non. Aucun tribunal ne remua; aucune cour ne parla; la cour de cassation se tut comme tout le reste; on sait cela, qu'en conclure sinon que toute l'institution judiciaire partagea les prétendues souillures des parquets; ou (ce qui est plus vrai) qu'elle ne crut pas à leur souillure? Qu'en conclure, sinon que toute la magistrature française s'unit d'intention aux commissions mixtes? J'en appelle d'ailleurs à tous les souvenirs contemporains. Quel est l'homme, quel est le magistrat de ce temps qui me démentirait?

Laissons donc là les triages, les catégories et disons que toute la magistrature française fut, en 1848, solidaire des commissions mixtes. C'est qu'en effet, elles furent le plus doux des expédients, la plus clémente des mesures d'exception, là où les juridictions *exceptionnelles* sont *inévitables*, quand la justice ordinaire est impossible, et, quand les partis qui déclament contre les commissions mixtes n'ont *rien trouvé de meilleur*.

C'est une étrange situation que la démagogie fait aujourd'hui à la Cour suprême. On presse cette grande Cour de se déjuger; on l'en somme non-seulement par l'organe des journaux subversifs, mais par celui de soi-disant journaux modérés; on l'en presse au nom du ministère en quelque sorte, au nom de la Chambre qui s'est prononcée avec fracas contre les commissions. *Tolle et crucifige!* C'est là le cri des influences régnantes.

Ce n'est pas tout ; le ministre de la justice est ici en cause non juridiquement, peut-être, mais politiquement; il se peut que son portefeuille soit en jeu, on ne peut pas ne pas se souvenir que les promotions judiciaires sont entre ses mains, et, présentement, le joyau des grands postes judiciaires, la première présidence de la cour interpellée ; or, sans rien affirmer contre l'honneur du ministre, en ne présumant rien, absolument rien qui puisse atteindre ses intentions, on ne peut se dissimuler que son pouvoir semble s'imposer. Que fera la cour ? (1) J'ai l'espoir qu'elle se souviendra d'elle-même.

Elle s'est inspirée de ses glorieux ancêtres ; elle s'en est souvenue ; elle a prouvé qu'elle n'est l'organe d'aucun parti, mais l'organe de la loi qui protége tous les partis, tous les citoyens sans distinction de cocarde. Ceux qui veulent une justice républicaine, veulent une justice en bonnet rouge, on l'a connue en 1793, elle a décimé et désolé la France, elle a indigné l'univers ; elle sera l'indignation de la postérité la plus reculée.

(1) J'écrivais ceci vingt jours avant l'arrêt de la Cour.

V

Les Rigueurs des Commissions mixtes

Veut-on un très-léger échantillon des procédés des parquets à l'égard des détenus dont le sort pouvait être apprécié par les commissions mixtes, qu'on lise ce qui suit, à la date qui correspond à ces commissions. On écrivait aux chefs de parquet des menaces de mort presque quotidiennes. Il va sans dire qu'elles étaient anonymes, et souvent contenues dans des caractères d'imprimerie découpés. Ces magistrats ne s'en émouvaient pas; ils n'en étaient pas moins paternels pour les détenus quand ils le pouvaient.

Le gérant d'un journal incendiaire, frappé d'emprisonnement par la cour d'assises, écrivait un jour au parquet pour en apprendre le point de départ légal de son arrestation. Le chef du parquet lui répondit : « M. le gérant, « quand j'aurai reçu communication « officielle du rejet de votre pourvoi « contre l'arrêt rendu en décembre « dernier par la cour d'assises... je « pourrai me fixer sur la date précise « à laquelle devra remonter votre dé- « tention. — Je suis tout disposé, pour « mon compte, à opter pour *l'interpré- « tation la plus favorable*, dans les li- « mites que me trace la loi. »

Un détenu écrit au même chef de Parquet (13 février 1850,) — « Mon- « sieur le Procureur de la République, « ma femme a une permission pour « venir me voir *chaque jour ;* mais ses « occupations et surtout le soin de ses « enfants, ne lui permettent pas, le « plus souvent, de profiter de la per- « mission dans le jour. J'ose espérer

« que vous voudrez bien, monsieur,
« l'autoriser à venir *le soir* jusqu'à
« l'heure où le gardien ouvre (*sic*) or-
« dinairement la porte. »
Réponse *du chef du Parquet :*
« Monsieur, c'est *avec plaisir* que je
« vous accorde l'autorisation que vous
« me demandez pour madame N..... Si
« les règlements de la prison ne s'y
« opposent pas, et s'il n'y a pas d'in-
« convénient aux yeux du gardien-chef,
« communiquez lui ma lettre. » Décision définitive : « Sur les observations
« du gardien-chef, le Procureur de la
« République autorise les communica-
« tions demandées jusqu'à neuf heures
« *du soir*. »
Un autre détenu écrit au même parquet : « Je vous prie de vouloir bien
« faire un permis pour madame N...
« et ma *famille* pour l'intérieur, et
« pour sept à *huit* jours. » — Le chef du
parquet met en marge de cette lettre :
« Accordé le tout, malgré la forme im-
« périeuse et inconvenante. »

Je tiens un petit dossier de pareil-
les énormités de la part du magistrat
ci-dessus qui souillait, on le voit, ses
fonctions et que M. Crémieux n'a pas
manqué de frapper, plus tard, dans son
inamovibilité.

Comment s'en étonner ? Les révolutionnaires sont si humains, si tendres,
si ennemis des tribunaux d'exception
et des commissions révolutionnaires !
Qu'on lise ce qui suit :

VI

**Les Commissions Révolutionnaires —
Leur justice et leur douceur**

Un décret du 23 ventôse an II élargissait effroyablement la catégorie des traîtres à la patrie et ordonnait la formation de *six commissions* populaires chargées de juger *promptement* les ennemis de la révolution détenus dans les prisons.

Un arrêté du 24 floréal suivant fond les six commissions antérieures en une seule, mais une commission de choix avec le juré Trinchard pour président (1). — Elles devaient *désigner* les

---

(1) Ce président, maître serrurier, invitait sa femme « à venir *se récréer* au tribunal révolutionnaire. » Il y avait, en effet, de quoi pour un cœur jacobin sensible.

détenus soit à *déporter*, soit à renvoyer devant *le tribunal révolutionnaire.* Cette commission, qui siégeait au Muséum (le Louvre) semblait ne pas trop mal répondre aux intentions du comité. Dans la liste des détenus *à déporter*, on trouve les mentions suivantes :

Anne-Marie-Sophie Lenoir, veuve Delaunay, âgée de 62 ans, veuve d'un receveur général des finances, aristocrate, ne voyant que des gens *comme il faut*, et ne s'étant jamais montrée pour la Révolution.

Guillemot, femme Lepartieu (M. A. Julie), à Port libre ex-noble, femme d'un ci-devant capitaine au ci-devant régiment du Dauphin. Femme très-fanatique, *ne croyant pas aux bienfaits de la Révolution ;* aristocrate prononcée.

Fille Saint-Chamand (Ad. C. Marie), âgée de quinze ans, ex-noble, *fille* d'un ci-devant lieutenant-général, *sœur* d'émigré, beaucoup prononcée en fanatisme et contre la liberté, quoique très-jeune.

Sa sœur, âgée de 19 ans, est comprise sur la même liste, et, à côté d'elle, bien d'autres personnes que des ex-nobles. On y trouve par exemple :

Bergeron, marchand de peaux, suspect ; n'ayant rien fait *pour* la révolution ; très-égoïste, blâmant les sans-culottes *de ce qu'ils abandonnaient leur état* pour ne s'occuper *que* de la chose publique. La commission Trinchard ne prononçait la mise *en liberté* que sous le bon plaisir du comité de salut public qui s'en réservait le dernier mot. (Voir l'arrêté du 25 du même floréal.)

La loi du 22 prairial (10 juin 1794) légalise tout ce que le tribunal révolutionnaire pratique de plus monstrueux. — Son article 16 la résume toute entière : « *La loi* donne pour défenseurs aux patriotes calomniés, des jurés patriotes ; elle (*la loi*) n'en accorde pas aux conspirateurs. »

Ainsi, tout accusé de conspiration était conspirateur sans remède ; être accusé, c'était être condamné.

Des *commissions ambulantes* étaient chargées d'aller *vider* les prisons en province.

Qu'en pensent MM. les puritains de la Chambre ? Qu'en pensent les adulateurs et les adulés d'un certain jour ?

Dat veniam corvis, vexat censura columbas.

FRANCUS.

www.ingramcontent.com/pod-product-compliance
Lightning Source LLC
Chambersburg PA
CBHW061346050726
47595CB00005B/2102